AF252582

ÉCOLE SPÉCIALE DES LANGUES ORIENTALES

COURS DE JAPONAIS

DISCOURS D'OUVERTURE

PRONONCÉ LE 8 DÉCEMBRE 1863

Par M. LÉON DE ROSNY

CHARGÉ DU COURS

(Extrait des *Annales de philosophie chrétienne*, cahier de novembre 1871).

Versailles. — Imprimerie BEAU, rue de l'Orangerie, 36.

LA LITTÉRATURE, L'HISTOIRE ET LA CIVILISATION

DES JAPONAIS

DISCOURS PRONONCÉ A L'OUVERTURE DU COURS DE JAPONAIS

A l'École spéciale des langues orientales.

I

Messieurs,

Les sympathiques encouragements que vous avez bien voulu me donner l'année dernière à la séance d'inauguration de ce Cours, m'ont engagé à consacrer la première leçon de la nouvelle année scolaire à quelques considérations sur *l'idiome* que je suis chargé d'enseigner ici. Un exposé de ce genre me paraît être une utile introduction à l'étude parfois aride des langues parlées par des peuples aussi éloignés de nous par la distance géographique que par les mœurs, les coutumes et la manière d'envisager le progrès. La bienveillance que vous m'avez accordée une première fois me fait espérer que vous voudrez bien m'honorer aujourd'hui de la même faveur.

La langue japonaise est encore peu répandue, et l'on ne compte en Europe qu'un bien petit nombre de savants qui en aient acquis une véritable intelligence. Ceux d'entre vous qui m'ont fait l'honneur d'assister assidûment à mes leçons, savent que cela tient surtout à l'extrême complication de l'écriture des habitants de l'extrême Orient. Ces insulaires se servent en effet d'un système graphique infiniment plus varié que celui des autres peuples. D'abord l'écriture figurée des

Chinois, écriture qui ne comprend pas moins de 80 à 100,000 signes, dont un dixième est d'un usage journalier, ne forme encore qu'une partie constitutive de l'écriture japonaise. Les signes syllabiques, qui en complètent le paradigme, sont, il est vrai, d'une simplicité relative réelle, mais encore faut-il évaluer leur nombre à un millier de caractères. Si vous ajoutez à cela que, dans une foule de livres, et dans la pratique, les indigènes préfèrent aux formes correctes et classiques de tous ces signes des formes tachygraphiques, aussi cursives que capricieuses, on pourra dire avec raison que le nombre des types de l'écriture japonaise est infini. En d'autres termes, l'écriture japonaise est à l'écriture chinoise, au point de vue du déchiffrement, ce qu'est l'écriture des notaires du 17e siècle à l'écriture régulière de nos livres imprimés, avec cette différence que chez nous on n'est en prise qu'à un alphabet d'une vingtaine de lettres, tandis qu'au Japon on est en présence d'un tohu-bohu de mille et mille signes plus compliqués les uns que les autres.

Ce système d'écriture présente, je l'avoue, des difficultés qui seraient de nature à désespérer les travailleurs les plus laborieux, s'il n'était possible de déterminer, entre tous les signes qui le composent, certains traits de ressemblance permettant de les répartir en un nombre relativement restreint de classes mnémoniques, et si, par un enseignement méthodique, on n'arrivait à rendre toute espèce de confusion impossible.

Nous aborderons ensemble ces difficultés qui, il y a quelques années encore, étaient réputées insurmontables parmi les orientalistes les plus érudits; et vous arriverez comme moi, au fur et à mesure de nos progrès, à rechercher même les complications calligraphiques qui vous auront effrayés à vos premiers débuts.

A part son écriture, la langue japonaise, quoi qu'on ait pu dire, n'est pas plus difficile à apprendre que n'importe quelle langue européenne à construction inverse. Dans les premiers temps, un Français surtout éprouve quelque gêne à construire une phrase juste au rebours de ce qu'il a coutume de faire; il est contrarié, par exemple, pour exprimer cette pensée : « Quand je serai dans la capitale du Japon, » d'être obligé de transposer tous les mots, et de dire « Japon du capitale dans être quand. » Au bout de quelques mois de pratique c'est notre propre construction qui nous étonne. Je n'avais encore vécu que deux ou trois mois parmi mes Japonais que j'étais souvent tenté de parler français à reculons. Vous arriverez facilement à ce résultat.

Quant à la multiplicité des dialectes japonais dans une même ville, multiplicité dont on a fait grand bruit, il est de mon devoir de vous expliquer ce qui a porté nos voyageurs à y croire, et certains compilateurs à en faire l'objet de plus ou moins agréables tirades. A en croire ces personnes venant de loin, on parlerait au Japon autant de langues différentes qu'il y a de rangs chez les personnes à qui l'on est dans le cas de s'adresser. Ce qui arrive au Japon arrive également parmi nous, et cependant personne ne s'avisera de dire que l'on parle cinq langues différentes à Paris, parce que pour exprimer la même idée l'on dira, suivant les circonstances : «Daignez me faire l'honneur de venir ici,» ou «veuillez » prendre la peine de venir ici, » ou « veuillez venir ici, » ou » venez ici, » ou « ici vite! » Vous comprenez maintenant pourquoi vous aurez à apprendre quatre ou cinq langues avant de pouvoir bien parler à tous les Japonais.

Pour acquérir une solide connaissance de la langue du Nippon, vous serez dans l'obligation d'apprendre le Chinois; car ces deux idiomes ne marchent pas l'un sans l'autre. La langue de Confucius vous sera aussi indispensable que la langue de Mahomet pour les personnes qui veulent bien connaître le turc, le persan, le malay ou l'hindoustani. Mais je m'empresse de vous assurer que l'un et l'autre se prêtent un mutuel appui; et, ce ne serait pas trop s'avancer que de dire qu'il est plus facile d'étudier ces deux langues à la fois que le Chinois isolément. Ce qu'on redoute le plus, quand on apprend deux langues en même temps, c'est la confusion. Or je vous laisse à juger si la confusion est possible. Le Chinois est une langue essentiellement monosyllabique et primitive s'il en fût jamais ; quand elle est prononcée doucement, on croirait entendre les premiers cris de l'homme et des animaux à l'époque de la création ; un chat se dit *miao*, un tigre *hou*, un aboiement *ouo*. Rien de plus simple. Au Japon, c'est tout l'opposé. Au lieu du simple monosyllable *ngo* pour signifier « nous, » on dira *watakousidomo*. Les noms propres des deux pays présentent une opposition encore plus frappante. Chacun de nous connaît le nom du principal ministre actuel de l'empereur de Chine, le prince *Kong*. Rapprochez ce nom de celui du fameux ministre japonais *Hô-syô-zi-nyoû-dô-saki-no kwan-bakou-daï-syô-daï-zin*. La confusion entre les deux langues prouverait évidemment une bien courte mémoire.

Il ne faut pas vous étonner de ce que le Japonais ne ressemble pas au Chinois. Les insulaires du Nippon se croient différents à tous égards du reste du monde. Cette pensée touchant l'originalité de leur race ne les abandonne nulle part, pas même en Europe. Je trouvai un jour sur l'éventail fraîchement décoré de peintures d'un des lettrés de la dernière ambassade de Taï-koun, deux vers japonais ainsi conçus :

« Tout, dans le monde européen, est à mes yeux extraordi-
» naire et étranger pour moi.

» La lune seule est la même qu'au Japon. »

C'est qu'en effet tout, dans les mœurs de ces singuliers insulaires, semble imaginé à l'opposé de ce que nous connaissons en Occident. Ils sont à l'antipode de notre civilisation. Nous écrivons de gauche à droite et horizontalement, ils écrivent de droite à gauche et verticalement [1], si bien que leurs livres commencent là où finissent les nôtres. Nous enlevons notre chapeau pour témoigner notre respect à quelqu'un, ils ôtent leurs pantoufles ; nous nous levons pour recevoir nos hôtes, ils s'empressent de s'accroupir en les apercevant. Nous ôtons nos paletots dans les antichambres, ils ôtent leurs pantalons. Pour nous désigner nous-mêmes nous montrons du doigt notre estomac; ils montrent leur bout du nez. Nous estimons les dents blanches, ils tiennent à honneur de noircir celles de leurs femmes afin, disent-ils, qu'elles ne ressemblent pas aux femelles des animaux. Nos dames se baignent dans de petites salles scrupuleusement dérobées aux regards indiscrets ; les dames du Nippon pren-

[1] Comme les anciens Chaldéens. C'est le mode d'écriture que Eustathe de Thessalonique appelait χαμαίφορον. — A. R.

nent leur bain en pleine rue sur le devant de leur porte. Les femmes enceintes choisissent chez nous des vêtements larges et commodes ; c'est seulement dans cette situation que les Japonaises prennent des corsets étroits qu'elles resserrent autant qu'elles peuvent. Dans les duels, chacun des champions s'expose chez nous à recevoir la mort de la main de son adversaire ; chez eux, chaque adversaire connaît d'avance le dénoûment de la rencontre, car il appartient à chacun de se donner la mort, ce qu'il ne saurait se dispenser d'exécuter de la meilleure grâce du monde. On trouve même à Yédo d'excellents maîtres de maintien pour ces solennelles circonstances. Enfin il n'est pas jusqu'au papillon qui ne passe au Japon pour un emblème de la fidélité conjugale et qui ne soit choisi pour l'image allégorique d'un jeune époux exemplaire.

La littérature japonaise ne se signale pas par moins d'originalité que les mœurs et les coutumes de ces singuliers insulaires. J'ai eu l'occasion, l'année dernière, de vous rappeler que cette littérature méritait d'être placée au premier rang, non moins par sa surprenante richesse que par sa valeur réelle. Je dis sa valeur réelle, parce qu'il existe en Asie des contrées où l'on a écrit un nombre formidable de livres, mais où la science européenne n'a guère qu'à glaner. Il est plus intéressant d'avoir appris, par les écrits de l'évêque Pallegoix, qu'on cite 20,000 ouvrages étendus chez les Siamois que d'en entreprendre la lecture. Les recueils tibétains *Kandjour* et *Dandjour* qui ne comprennent pas moins de 1,392 volumes, renfermant 1,023 traités, méritent plus d'être cités pour cette particularité que pour leur contenu. C'est une justice à rendre aux lettres chinoises, et bientôt aussi, je l'espère, aux lettres japonaises, qu'elles sont à une foule d'égards dignes de l'attention de l'Europe. Vous trouverez dans les monuments écrits des deux grands peuples de l'extrême Orient plus d'une œuvre susceptible d'être traduite et même d'agrandir le champ déjà si vaste de nos connaissances scientifiques et littéraires.

J'ai demandé à mes amis de Yédo et à quelques Européens qui habitent le Nippon, avec lesquels j'entretiens des relations suivies, une assez longue série d'ouvrages japonais qui manquent dans toutes les grandes bibliothèques de l'Europe ;

car je dois vous avouer que nos collections publiques sont encore bien pauvres en ce qui concerne la littérature du Japon. La plupart des voyageurs qui seraient à même de se procurer des ouvrages précieux à Nagasaki et dans les autres ports ouverts au commerce, ont presque toujours la malheureuse idée de n'acheter que des recueils d'images ou de caricatures, sans songer qu'ils ont sous la main des livres dont la traduction serait pour nous d'une valeur incalculable. Les tristes événements politiques qui se sont produits depuis l'année dernière dans les mers de l'Asie orientale et la révolution prématurée qui a éclaté au sein même du Nippon, ont rendu les communications avec l'intérieur du pays extrêmement difficiles. Je n'ai donc pu acquérir qu'un petit nombre des ouvrages qui m'étaient promis.

Il serait fort à désirer que les gouvernements européens, amis des lettres, intervinssent pour obtenir, par l'intermédiaire de leurs agents, les principaux ouvrages que nous désirons avec tant d'ardeur. Quoi qu'il en soit, parmi le petit nombre de volumes que j'ai reçus cette année et que je vous communiquerai, vous trouverez d'utiles secours pour le succès de vos études et pour le développement de nos connaissances relatives au Japon. Vous serez en outre surpris, comme je l'ai été moi-même, de l'activité intellectuelle et de l'érudition consciencieuse des écrivains du Nippon. Je ne crains plus aujourd'hui d'affirmer que d'ici peu d'années les études japonaises offriront aux Sinologues et aux Indianistes un concours dont il ne sera plus guère possible de se passer, aux uns pour la critique des plus célèbres monuments historiques du Céleste-Empire, aux autres pour l'exégèse de la plus belle, de la plus grandiose des doctrines religieuses du monde asiatique : le Bouddhisme.

II.

L'enseignement des langues orientales a été longtemps en butte à de regrettables préjugés. Aujourd'hui personne ne doute plus de l'intérêt qui s'attache à l'étude des langues sémitiques et indo-européennes. On n'accorde pas la même confiance aux idiomes de l'extrême Orient. Il est cependant incontestable qu'en dehors de leur haute importance politique et commerciale, ils méritent toute notre sollicitude. Nulle part plus qu'en cet Orient lointain, nous ne rencontrerons de curieux phénomènes ethnographiques à approfondir, nulle part nous n'aurons à dévoiler une civilisation plus originale et plus extraordinaire, nulle part nous ne découvrirons autant de faits curieux pour résoudre les plus grands problèmes de la philosophie, de la morale et de l'histoire. J'essaierai de le démontrer en ce qui concerne la langue japonaise.

Comprise dans sa belle et large expression, la linguistique est une science qui sert non-seulement à expliquer diverses manifestations de l'esprit humain, mais encore à projeter la lumière sur les périodes les plus incertaines de l'histoire, parfois même sur les périodes inconnues des âges anté-historiques. Aussi loin que la pensée peut pénétrer dans l'obscurité des siècles, elle aperçoit au cœur de l'Asie une race nombreuse et énergique qui se répand bientôt en une foule d'essaims et poursuit ses étonnantes migrations à l'est et à l'ouest jusqu'aux rivages du Pacifique et de la mer Noire. Cette race, à laquelle l'infortuné Bailly attribuait les premiers progrès de la civilisation, est encore très-imparfaitement étudiée et plus mal définie qu'aucune autre par les philologues : on la désigne communément sous les noms de *race tartare*[1] ou *touranienne*[2]. Le type anthropologique de tous les membres de cette grande famille désunie ne laisse guère de doute sur la communauté de son origine. La linguistique au contraire ne répond pas d'une manière satisfaisante à la conviction des ethnographes. On reconnaît bien dans tous les rameaux du groupe tartare une remarquable similarité de grammaire; mais les mots employés chez les uns et les autres n'offrent que de fort rares ressemblances. Comment expliquer cependant que les enfants d'une même mère aient jamais pu oublier le langage de leur berceau, et cela à un tel point que les mots les plus usuels aient perdu toute espèce de ressemblance chez des tribus souvent limitrophes ?

On peut jusqu'à un certain point se rendre compte de cette

[1] Dénomination adoptée par Abel-Rémusat.

[2] Dénomination adoptée par MM. Bunsen et Max-Mueller.

étrange anomalie, par le caractère nomade des nations tartares qui, en les entraînant sans cesse dans de nouveaux climats, les place en contact avec des civilisations étrangères auxquelles elles empruntent tout jusqu'à l'expression de leur pensée. Il est néanmoins probable que ce contact ne produit que des altérations de langage et non des transformations radicales ; mais ces altérations sont si fréquentes qu'il est bientôt fort difficile de distinguer ce qui reste de primitif dans des idiomes ainsi profondément modifiés. L'étude du Japonais permettra, je l'espère, de débrouiller ces obscures questions de linguistique et par suite d'ouvrir la voie dans laquelle doivent être dirigés définitivement les travaux sérieux sur la philologie de l'Asie centrale. Seule, l'ancienne langue des Japonais s'est maintenue pure de tout mélange étranger et a conservé dans ses radicaux les éléments primitifs du langage des peuples Tartares.

Pendant longtemps les Orientalistes n'ont vu dans l'idiome des insulaires du Nippon qu'un ensemble de mots pour la plupart longs et compliqués, où l'on n'apercevait aucune affinité avec les mots des autres langues connues. La linguistique faisait des Japonais une nation absolument séparée du reste du monde : le type protestait, et la vérité ne se faisait point jour. Quelques essais analytiques ont bien été tentés, dans ces derniers temps, sur le Vocabulaire japonais, dans l'espérance d'atténuer cette inexplicable contradiction ; mais l'insuffisance et l'imperfection des matériaux mis en œuvre ont empêché d'obtenir les résultats qu'on était en droit d'attendre. Les recherches minutieuses nécessitées pour le classement des mots dans mon *Dictionnaire japonais*, et l'examen de plusieurs anciens textes que j'ai eu la bonne fortune d'entreprendre avec l'aide des lettrés de l'ambassade de Taï-Koun, m'ont fait entrevoir, dans le système de composition des mots japonais, des éléments essentiellement primitifs, qui paraissent avoir échappé aux Grammairiens, et avec lesquels on doit arriver à la solution du problème qui a si fortement intrigué et préoccupé en vain les linguistes du commencement de ce siècle.

J'ai demandé à Yédo plusieurs ouvrages sur la langue *Yamato* que parlaient les ancêtres des Japonais actuels, et dont on se sert encore à la cour du souverain pontife de Myako. J'ai la ferme conviction, qu'avec ces nouveaux secours le *Vocabulaire des insulaires de l'extrême Orient cessera de demeurer étranger à tous les idiomes parlés sur le continent asiatique.* Ceux d'entre vous qui voudraient se consacrer à ces investigations, trouveront dans l'étude comparée *du chinois et du japonais* des faits inaperçus, et dont ils pourront tirer d'inappréciables conséquences philologiques.

III.

Est-ce à dire pour cela que le Japon perdra de cette originalité qui stimule si justement le zèle des Orientalistes ; et que, du moment où l'on aura découvert des titres inconnus de parenté entre ses habitants et les indigènes de la Chine, le vif intérêt qui s'attache à son histoire en sera quelque peu diminué? Assurément non. La séparation du rameau Japonais de la grande souche Tartare remonte très-probablement à des temps fort reculés et antérieurs à la fondation des principaux empires du continent asiatique dont l'existence nous est signalée par l'histoire. La civilisation des indigènes du Nippon, antérieure de plus de *six siècles* à l'ère chrétienne, date d'une époque où l'existence même de la terre ferme n'était plus soupçonnée dans les îles de l'extrême Orient. De là vient que les doctrines de Confucius et de Bouddha, qui laissèrent une empreinte si profonde sur l'esprit des nations indo-chinoises, furent impuissantes à déraciner du cœur des Japonais le culte des *Kamis*, c'est-à-dire le culte des Dieux indigènes, et partant le culte de la patrie, ou, pour me servir d'un mot cher à notre époque, le culte de la nationalité. C'est ce qui fait enfin qu'il a toujours répugné aux lettrés du Nippon d'admettre pour leurs ancêtres une provenance continentale, et au peuple de l'Archipel de croire même à leur identité de nature avec les hommes des autres contrées du globe. « Nous appartenons, » disent-ils, à une race infiniment pure et supérieure, à la- » quelle les Dieux ont accordé *le privilége* de posséder une » âme immortelle. »

En dehors des considérations que je viens de vous soumettre, l'origine de la nation japonaise soulève une foule de questions dignes, à tous points, d'exciter la juste curiosité des ethno-

graphes et des linguistes. A côté du type tartare, qui nous
paraît incontestable, nous trouvons d'autres types qui se
présentent à nous comme autant de piquantes et indéchif-
frables énigmes. Comment expliquer cette diversité si étrange
qui se remarque tout d'abord dans les traits et la physionomie
des insulaires du Japon : chez les uns, les caractères nettement
apparents de la race Chinoise, les yeux bridés, le nez épaté, les
pommettes saillantes; chez d'autres, un visage qui rappelle
la race de tout temps errante et vagabonde de la Polynésie [1];
chez d'autres enfin, une blancheur de peau et des traits où,
comme l'a parfaitement dit notre savant anthropologue M. de
Quatrefages, l'on ne peut s'empêcher de reconnaître des
membres de la race Caucasienne [2], à laquelle nous appartenons.

Que ne peut-on supposer, en effet, lorsqu'il s'agit d'un
peuple doué, depuis des milliers d'années, d'une activité parfois fiévreuse, et cependant toujours soutenue, d'un peuple
placé par la Providence dans une situation géographique pro-
pice, s'il en fût jamais, pour ouvrir des issues à cet insatiable
besoin d'expansion? Le peuple japonais a été, de tout temps,
un peuple essentiellement curieux et avide de savoir, intelli-
gent, laborieux, énergique. Le sol de la patrie fut bientôt trop
étroit pour le contenir et assurer la subsistance à ses habitants. Si les lois despotiques des Taïkouns ont retenu pendant
plusieurs siècles prisonniers, dans l'empire des îles, des sujets
domptés dans leurs instincts colonisateurs, il n'en a très-probablement pas été de même des anciens habitants. Pour
ceux-là, il y avait aux quatre horizons l'Océan et la liberté !

Vous voyez, messieurs, combien la connaissance du Japonais permet d'aborder de curieuses questions ethnographiques.
L'histoire indigène qui, *à priori*, semble n'avoir qu'un mé-
diocre intérêt pour l'Europe, dont le contact avec le Japon
ne remonte guère au delà de la seconde moitié du 16e siècle,
ne manquera cependant pas d'attrait pour ceux qui voudront

---

[1] Cf Olyphant, *la Chine et le Japon*, traduction de M. Guizot, t. ii, p. 159;
Kœmpfer, *Histoire du Japon*, t. i, p. 148.

[2] Cf. le marquis de Moges, *Souvenirs d'une ambassade en Chine et au Japon*, p. 310.

en faire une étude spéciale. N'en doutez pas : le beau, le bien,
le vrai, sont de tous les temps et de tous les pays. Cette trinité
morale s'est manifestée partout où il y a eu de nobles cœurs,
c'est-à-dire partout où l'homme a vécu en famille et en société.
Il suffit, pour la découvrir, de se reporter, non point à ces
heures de crépuscule où les civilisations vieillies se vautrent
mollement dans les ornières de l'égoïsme et du vice, mais à
l'heure pure du berger, qui luit, également brillante, pour
tous les peuples naissants, alors qu'ils s'engagent, pleins de
foi et d'espérance, dans les sacrés sentiers de la fraternité, du
progrès et de la civilisation. C'est seulement en remontant à
ces âges heureux qu'on peut trouver la raison d'être, la justi-
fication de coutumes antiques dont le sens se dénature si vite
avec le temps, et qui excitent la critique des esprits légers et
superficiels. Ces coutumes, toutes patriarcales à l'origine,
deviennent les bases d'un édifice tyrannique qui se construit
lentement; et il faut alors traverser de longs siècles rougis
par le sang d'innombrables victimes, pour arriver à cette
heure tout à la fois glorieuse et fatale où l'on entend sonner le
tocsin de la délivrance.

Il m'appartient ici, en vous invitant à l'étude d'un des plus
féconds idiomes de l'Orient, de relever à vos yeux une belle
civilisation trop longtemps incomprise et méconnue, et de
vous convier à dissiper avec moi les préjugés communément
répandus sur son compte.

IV.

L'histoire du Japon nous fait assister à plus de *vingt-cinq
siècles* de la vie politique et sociale d'une grande nation, et
nous offre l'exemple peut-être unique d'une monarchie puis-
sante, de tous temps soumise à une seule et même dynastie de
princes. Aussi l'empereur de Chine Taï-tsoung, recevant au
10ᵉ siècle un bonze venant du Japon, et apprenant de lui les
principaux rouages du gouvernement de ce pays, ne put-il
s'empêcher de pousser un soupir, et s'adressant à un de ses
ministres, de lui dire avec un accent d'admiration : « Chez
» les barbares de ces îles, le pouvoir se perpétue indéfiniment,
» et les magistrats, par ce même principe d'hérédité, se suc-
» cèdent sans interruption. N'est-ce pas la véritable voie de

« l'antiquité [1]? » C'est que nulle part plus qu'au Japon, l'organisation politique n'est aussi fortement identifiée aux sentiments religieux et populaires, et que toute révolution dans l'organisation suprême de l'Etat serait la négation des dogmes sur lesquels repose la croyance indestructible du peuple dans la supériorité de sa nature et de ses destinées.

Parmi les membres de la récente ambassade du Taïkoun, il y avait des hommes qu'on appellerait en Europe des libres-penseurs, et même des athées. Par une étrange, mais bien explicable contradiction avec eux-mêmes, ils professaient, en dehors de leurs idées indépendantes, un profond respect pour le culte de leurs pères et se refusaient à toute critique de leur religion nationale. « Le culte du Kami, me disait l'un d'entre » eux, est au-dessus de toute religion ; c'est l'amour de notre » patrie, c'est la foi la plus indestructible dans la sainteté de » son origine et la grandeur de ses destinées futures. » Puis un autre ajoutait : « Nous avons, au Japon, une religion » comme celles que vous pratiquez en Europe : elle fourmille » d'absurdités et s'entoure de jour en jour de nouvelles pratiques ridicules. Chacun est libre de l'embrasser et d'y » croire. Mais nul ne peut se dispenser, et nul dans tout notre » empire ne se dispense de vénérer les enseignements de » notre religion nationale des Kamis [2]. »

V.

Il faut donc, en étudiant cette curieuse doctrine de la piété politique, séparer le sentiment supérieur qui garantit sa perpétuité des légendes singulières dont on a bigarré son berceau. Ces légendes méritent cependant notre attention, tant par le tour aimable avec lequel les écrivains indigènes ont su les raconter, que par leur originalité qui les fait contraster avec les légendes cosmogoniques des autres peuples. D'accord en cela avec les travaux les plus remarquables de la géologie

---

[1] Voy. nos *Notices sur les îles de l'Asie orientale*, extraites d'ouvrages chinois et japonais, et traduites pour la première fois sur les textes originaux, dans le *Journal asiatique* de 1861.

[2] Nous n'avons pas besoin de protester contre le jugement sommaire de ce brave japonais. Il n'avait lu ni notre symbole ni notre catéchisme. — A. B.

moderne, ils attribuent au monde une antiquité des plus re-
culées. Rien ne leur paraît plus propre à donner une idée de
cette antiquité incalculable que de dire, comme les Indiens,
qu'elle remonte à des centaines de mille millions d'années.
Le Chaos, suivant les écrivains indigènes, avait la forme d'un
œuf dans lequel étaient renfermés les germes de tous les
êtres[1]. Au moment de la création, la matière subtile s'en déga-
gea et forma le ciel; la matière lourde s'abaissa et forma la
terre; les eaux se répandirent alors de toutes parts, et au
milieu d'elles un monceau de matière compacte surnagea,
semblable à un poisson. Ce fut le Japon. Puis il apparut au
milieu des éléments une chose semblable à un roseau, qui
bientôt se transforma en un grand Génie. Ce fut le premier
des Dieux célestes, *Kouni-Toko-Tatsino-Mikoto* (l'Auguste per-
pétuellement debout dans l'empire).

A ce père de tous les Dieux succédèrent successivement
deux autres Génies qui naquirent d'eux-mêmes, et qui étaient
tous des mâles. Sous le quatrième Génie seulement apparut la
femme; et à partir de cette époque les Dieux et les Déesses
obtinrent des descendants par une contemplation mutuelle.
Ce ne fut qu'à la 7e génération que le Dieu *Isa-Nagino-mi-
koto* (l'Auguste qui a trop *accordé*) commença à connaître
son épouse *Isa-Nami-no-mikoto* (l'Auguste qui a trop *excité*)[2],
Dès-lors les Dieux perdirent leur nature céleste, et commen-
cèrent une seconde dynastie, qu'on nomme la *dynastie des
génies terrestres*. C'est du 5e et dernier demi-dieu de cette
dynastie que naquit *Zin-mou* (le divin guerrier), le premier
empereur du Japon et le chef de la grande race de princes
qui occupe depuis l'an 660 avant J.-C. le trône du Japon. Voilà
ce qui explique le prestige qui entoure les souverains pon-

[1] Voir les textes sur le chaos chez les auteurs grecs et latins, dans les
Annales de Philosophie, t. i, p. 231 (6e série).

[2] Nous prions nos lecteurs de remarquer la signification de ces noms et de
es comparer avec le nom de *Hoang-ti* (le seigneur rouge) et de sa femme
Loui-tsou (celle qui entraîne les autres dans son propre mal, grande aïeule).
Voir les textes dans les *Annales*, t. xvi, p. 138 (2e série). Voir en outre l'article
de M. de Rosny sur *les Temps anté-historiques* chez les Japonais (*Annales*
t. xvi, p. 64) (4e série).   A. B.

tifes de Myako, et ce qui fait que les Taïkoun ou souverains temporels, tout en ayant accaparé entre leurs mains les rênes du gouvernement, ne peuvent s'empêcher de consulter les Mikado dans les circonstances exceptionnelles, et de leur reconnaître, au moins en apparence, le titre et les prérogatives inhérents à la puissance suprême.

Durant toute cette longue succession de règnes, nous voyons apparaître une foule de grandes figures qui rappellent ce que l'Europe ancienne et moderne a de plus célèbre dans ses annales. *Zin-mou*, fils des derniers Dieux, fut le glorieux fondateur de la monarchie; l'impératrice *Zin-kô* (la divine impératrice) cherchant à cacher la mort de son époux et régnant à sa place, ne le cède en rien à Sémiramis par sa valeur guerrière et son audace; *Bou-rets* (l'impétuosité militaire) n'a pas été dépassé par Néron pour le raffinement de ses cruautés et de ses débauches; l'impératrice *Gen-syô*, tout à la fois protectrice des lettres et législatrice, fut pour l'Archipel une autre Catherine II; le *Syô-goun* (généralissime) *Taï-kô*, deux fois vainqueur du roi de Corée et du Fils du Ciel lui-même, qui avait envoyé les forces de la Chine au secours des Coréens, rappelle sous plus d'un rapport Napoléon *premier;* et ses victoires, qui menaçaient de conduire à la conquête de l'empire chinois tout entier, si *Taï-kô*, en mourant, n'avait rappelé ses troupes au Japon, sont d'autant plus remarquables que le fameux empereur mongol, *Koubilaï-khan*, ne réussit qu'à faire exterminer ses troupes lorsqu'il voulut, avec plusieurs centaines de mille hommes et d'innombrables vaisseaux, tenter l'annexion du Japon.

Je ne prolongerai pas davantage l'énumération des grands règnes de l'histoire du Nippon : elle m'entraînerait trop loin. Je me bornerai à vous faire remarquer que les Japonais sont peut-être les seuls peuples du monde qui n'aient jamais été l'objet de sérieuses défaites et dont aucune partie du territoire national ne soit jamais tombée sous la domination étrangère.

VI

Vous verrez, je l'espère, comme moi, dans cette particularité et dans plusieurs autres que je me suis plu à vous signaler

l'année dernière, une preuve de l'étonnante énergie et des
instincts progressifs d'un peuple placé par la Providence dans
une situation géographique qui, en expliquant d'une part
son passé, nous fait présager ses grandes destinées dans l'a-
venir.

Ceux d'entre vous qui se proposent d'habiter le Japon
pendant un temps plus ou moins considérable, reconnaîtront
les rares aptitudes de ce peuple pour tout ce qui touche au
développement matériel et moral de l'humanité. Ils verront
combien les Japonais sont ardents à saisir les occasions d'ins-
truction, même les plus insignifiantes, et combien ils seront
disposés, lorsque les *daï-myó* auront enfin reconnu la supériorité militaire de l'Europe et cessé leurs taquineries politiques,
à prendre part à tous nos projets, non-seulement pour ce qui
concerne leur propre pays, mais pour tout le reste du monde.
Avant les tristes événements qui ont mis la guerre civile au
cœur du Japon, la marine japonaise s'accroissait chaque
année de nouveaux navires à vapeur qui ne craignaient pas
de traverser, avec un équipage uniquement composé d'indigènes, les vastes et dangereuses plaines de l'Océan Pacifique
et d'aborder en Californie, à l'admiration des habitants et des
marins du Nouveau-Monde ; il avait été même décidé à Yédo
qu'une petite escadre indigène entreprendrait un voyage
d'exploration autour du monde ; ce voyage était commencé
lorsque les exigences de la politique forcèrent le Taïkoun à
faire rentrer ses vaisseaux dans ses ports. Le sentiment qu'ils
doivent participer à tout ce qui se fait d'important sur la terre
est tellement enraciné dans l'esprit des Japonais que, lors de
la dernière guerre contre la Russie, le Taïkoun fit notifier
aux cours de France et d'Angleterre que, jusqu'à plus ample
informé, il entendait s'abstenir de toute intervention armée
et être placé au nombre des États neutres. Ce qui d'ailleurs ne
plut pas à tous les insulaires du Nippon ; car un des membres
de la dernière ambassade, se trouvant à Pétersbourg, me dit
un soir, devant une réunion nombreuse de ses compatriotes :
« Le Taïkoun a commis une grande faute en n'offrant pas de
» participer par un contingent d'une vingtaine de mille
» hommes à la dernière guerre de Russie. Après la prise de

» Sévastopol, il aurait bien fallu placer le Japon au niveau
» des puissances européennes et l'autoriser à prendre place
» au Congrès de Paris. En un clin d'œil, nous aurions progressé
» d'un demi-siècle. »

Contrairement à ce qui arrive chez les autres nations asiatiques, où l'orgueil national rend les indigènes et leur gouvernement aveugles sur la supériorité de l'Europe, on trouve
les Japonais toujours disposés à reconnaître les progrès qu'il
leur reste à accomplir. Ils ne vous feront pas de concession si
vous voulez nier ou attaquer leur aptitude à acquérir de la
supériorité dans n'importe quelle branche des connaissances
humaines. Devant une telle supposition, vous les verrez se
dresser fièrement et vous repousser de leur mépris. Mais si au
contraire vous leur parlez de n'importe quelle invention qu'ils
ignorent *encore*, de n'importe quelle institution qu'ils ont
encore à introduire dans leur pays, de n'importe quelle science
ou quelle industrie où ils sont *demeurés* dans un état d'infé-
riorité regrettable, ils vous écoutent, vous pressent de questions, vous demandent des conseils, vous remercient ardem-
ment de votre dévouement pour leur chère patrie. Parlez à
des Musulmans, à des Indiens, à des Chinois, de nos chemins
de fer, de nos grandes usines, de toutes nos découvertes
récentes qui changent de jour en jour la face du globe; les
uns, les Arabes, par exemple, ne comprenant rien à votre
admiration et à votre enthousiasme, croiront vous avoir tout
dit en vous répondant : Dieu est grand ! Les autres, les Chinois, si vous voulez, quand vous leur direz avec quelle vitesse
nos locomotives parcourent l'espace et portent partout le
commerce et la richesse, ils vous répondront que l'empereur
de Chine en possède qui vont bien plus vite, mais qu'il n'en
fait pas usage parce que Confucius ne dit pas d'en faire usage.
Les grandes époques de l'histoire des nations musulmanes et
surtout des Indiens et des Chinois, appartiennent à l'histoire
ancienne : ils ont fourni leur contingent à l'œuvre de la civilisation il y a des centaines et des milliers d'années. La splen-
deur de leurs antiques annales les sollicite à regarder sans
cesse en arrière : ils ont eu le sort de la femme de Loth. Les
Japonais au contraire ne veulent voir dans le passé que les

titres venant de la noblesse de leur origine : à cela près le passé n'est plus rien pour eux ; le présent est le début d'une ère féconde ; l'avenir leur appartient.

Tout est à faire au Japon et demande à y être fait. C'est là le meilleur garant de l'importance de nos relations les plus prochaines avec cet empire de l'extrême Asie. Au commencement de ce siècle, les médecins seuls étaient certains d'être bien accueillis à Nagasaki et par suite à Yédo. Le diplôme de docteur était un passe-port presque toujours sûr dans toute l'étendue du Nippon. Tandis qu'on persécutait les missionnaires du Christ, on tendait une main amie aux disciples d'Esculape ; et, au lieu du supplice que les apôtres de l'Evangile rencontraient partout sur leurs pas, les propagateurs de la thérapeutique n'avaient guère à redouter qu'un brevet *ad vitam* de médecin de l'empereur.

VII

Aujourd'hui les conditions d'accueil sont, pour les Européens, infiniment plus nombreuses que par le passé : quiconque possède de solides connaissances scientifiques ou industrielles est sûr d'y être reçu en bienfaiteur. Je ne veux pas dire que les médecins n'aient point encore la préférence. On aime mieux y mourir suivant les règles savantes de la médecine occidentale, qu'après avoir passé par les mains des docteurs indigènes de l'école chinoise ou des sorciers. Ces derniers sont pourtant les gens les plus inoffensifs du monde ; dans leurs consultations, ils se bornent à vous mettre de profil, les yeux fixés sur l'extrémité des narines, les mains placées en croix, les jambes droites et roides ; et quand ils vous ont bien inspecté dans cette posture pendant une petite demi-heure, ils ont tout appris sur votre visage, dans votre physionomie ; une tisane d'eau de puits et quelques paroles cabalistiques composent leur ordonnance. Ils obtiennent souvent d'heureux résultats. Mais encore une fois, les Japonais préfèrent en finir de la vie suivant les règles de l'art.

Dans ces derniers temps, des médecins hollandais et français ont établi au Japon plusieurs cliniques, et ont initié les indigènes aux pratiques de la dissection. Les premiers résultats obtenus ont été excellents ; et les médecins de l'ambassade du Taïkoun ont montré, pendant leur séjour en Europe, combien ils avaient été prompts à se mettre au courant, non-seulement des principes de la physiologie, mais encore des procédés les plus délicats de la chirurgie moderne. Plusieurs opérations, faites par eux dans nos hospices, ont excité l'étonnement et l'admiration de nos praticiens les plus distingués. Je leur ai cependant entendu souvent exprimer le regret qu'il n'allât pas dans leur patrie un plus grand nombre de docteurs et d'étudiants en médecine, qui y trouveraient des positions à la hauteur de leurs espérances.

Après la médecine, ce sont les sciences exactes et naturelles qui intéressent au plus haut degré les insulaires de l'extrême Orient. Plusieurs observatoires ont été fondés dans les villes principales de l'empire ; mais on y manque encore de beaucoup d'instruments de précision, que les opticiens indigènes ne parviennent pas à construire avec la perfection obtenue de nos jours en France et en Angleterre. Ensuite, le personnel instruit de ces établissements est insuffisant. L'intention du gouvernement du Taïkoun est d'associer aux astronomes de l'État les étrangers habiles qui se décideraient à aller habiter le Nippon, et de favoriser les fabricants d'instruments d'optique qui voudraient contribuer au renouvellement du matériel des observatoires impériaux.

Je ne parlerai pas des *études mathématiques*, les Japonais professant sur leur compte les préjugés des Chinois à notre égard. Ils soutiennent qu'ils nous sont supérieurs, en beaucoup de points, en algèbre et en géométrie. Il est fort probable que leurs prétentions sont mal fondées. Cependant, je crois devoir garder quelques réserves qui résultent de la valeur des connaissances mathématiques qu'on ne peut guère s'empêcher d'accorder à un peuple qui a pu traduire des ouvrages tels que la *Mécanique céleste* de Laplace, etc.

En fait de *botanique*, on possède, au Japon, des connaissances avancées. Les éléments de cette science, telle qu'on la comprend en Europe depuis Linné et les Jussieu, ont été introduits à Owari par le célèbre voyageur M. de Siebold, qui a institué dans cette ville une Société des Amis de la nature, autour de laquelle se sont groupés tous les naturalistes éclairés de l'empire. La botanique industrielle les intéresse vivement; et les docteurs de l'ambassade du Taïkoun m'ont plusieurs fois répété qu'ils ambitionnaient pour Yédo un cours de chimie organique et de botanique appliquée.

Puisque j'ai prononcé le mot de *chimie*, je m'empresserai d'ajouter que peu de sciences les préoccupent aujourd'hui à un aussi haut point que la *chimie* et la *physique*. Ils ont acquis en Hollande, en France et en Angleterre, de nombreux ouvrages sur ces deux grandes sciences, et ils ont l'intention de les populariser chez leurs compatriotes, au moyen de traductions. Ils se sont également procuré plusieurs importantes collections des substances nécessaires pour les opérations auxquelles ils se proposent de se livrer. Mais ils ont reconnu que les progrès qu'ils avaient en vue ne se réaliseraient qu'autant que des Européens auraient établi dans les ports ouverts des manufactures de produits chimiques tout à la fois purs et abondants. Un négociant japonais, avec lequel je suis en relations, a fondé à Yoko-hama un établissement de substances pharmaceutiques, encore très-imparfaitement assorti, mais qui n'en a pas moins valu une énorme fortune à son propriétaire.

Les sciences *industrielles* sont depuis plusieurs siècles cultivées avec ardeur chez les Japonais, et personne n'ignore qu'en certains cas ils ont obtenu une véritable supériorité, non-seulement sur tous les Asiatiques, mais sur les Européens eux-mêmes. Il suffirait, au besoin, pour venir à l'appui de mon observation, de citer, entre beaucoup d'autres produits qu'on leur doit, les armes blanches qui laissent fort loin en arrière celles des meilleures fabriques de la Prusse, et jusqu'aux anciens Damas. Bien que la plupart des articles japonais qui viennent en Europe soient de qualité inférieure, nos négociants ne doutent plus guère de la rare aptitude des insulaires de l'extrême Orient pour les arts mécaniques; et nous savons, de source sûre, que dans les villes impériales, notamment à Ohosaka et à Myako, il existe des manufactures montées sur une assez grande échelle pour produire dans une proportion considérable, et, bien que le salaire soit relative-

ment assez élevé dans ces localités, à des conditions de bon
marché extrêmement avantageuses. Malheureusement, les
relations entre ces principaux centres de production et les
ports ouverts aux Européens sont encore difficiles, pour ne
pas dire absolument impossibles. Les événements qui sont
venus plonger le Japon dans une affreuse crise intérieure,
ont seuls retardé l'ouverture définitive de l'empire, qui avait
été resolue en principe dans le Conseil suprême du Gotaïrô.
Nous avons cependant lieu de croire que cette tourmente
politique ne sera pas de longue durée, et que l'ouverture de
la grande île de Nippon, au lieu d'avoir lieu lentement, en
quelque sorte ville par ville, se fera avec une promptitude et
une libéralité dont nos négociants retireront les meilleurs
avantages. Les premiers commerçants qui sont venus se fixer
à Nagasaki et à Kanagawa ont fait en quelques mois des for-
tunes prodigieuses ; ceux qui sont arrivés plus tard ont eu
garde d'abandonner un sol resté encore aussi productif. Lors
de la prochaine restauration de la tranquillité au Japon, les
conditions seront plus durables et plus avantageuses qu'elles
ne l'auront jamais été jusqu'alors.

VIII

La révolution qui s'accomplit en ce moment dans le Nippon
tire sa source de l'incompatibilité absolue qui existe entre les
lois fondamentales de cet empire et le principe de libre intervention admis par les puissances occidentales. Nous affir-
mons, non sans quelque raison, il faut le dire, notre droit
d'aller partout et au besoin de briser les barrières qui s'op-
posent à notre passage. Le souverain pontife de Myako, ou
son entourage, car sa sainteté japonaise ne parle pas, on
la fait parler, proclame son droit de nous fermer les portes
de ses Etats, et si nous les franchissons, de nous châtier
et de nous expulser. Il en résulte une de ces grosses difficultés politiques qu'on cherche en vain à dénouer pacifi-
quement, mais qui se tranchent par la force. Toute ten-
tative de conciliation ayant échoué et les négociations deve-
nant impossibles, il est arrivé ce qu'il arrive toujours lorsqu'on ferme les oreilles à la raison : la voix du canon parvient
seule à se faire entendre. Voilà ce qui explique le commen-

cement des hostilités entre les Anglais et la cour de Myako.

IX

Personne n'ignore plus aujourd'hui qu'il existe au Japon deux souverains, l'un nominal, l'autre effectif. Le *Mikado*, ou souverain pontife, descendant des anciens Dieux du pays, est relégué, comme le furent ses ancêtres depuis plusieurs siècles, dans un magnifique palais à *Myako*, où rien ne lui manque pour charmer ses loisirs et oublier la nullité de son rôle politique. Dans un pays où la monogamie est de principe, sa sainteté japonaise écoule doucement ses jours, au milieu d'un modeste harem de 144 femmes, parmi lesquelles 12 épouses figurent les 12 signes du Zodiaque qui révolutionnent autour de lui, c'est-à-dire autour du soleil, car le Mikado est l'image terrestre de Dieu Solaire, tandis que les 132 autres femmes, servantes des 12 premières, représentent les étoiles qui brillent pêle-mêle dans ce firmament, qu'on appelle Myako.

Au milieu de ce paradis, entouré de solides clôtures, et dont l'entrée est sévèrement interdite au commun des mortels, le pontife n'apprend des choses de ce monde que celles que le temps a rendu dignes des échos de cette sainte demeure : en fait de nouvelles, on n'en reçoit guère de plus fraîches que celles que l'on racontait ailleurs il y a une cinquantaine d'années ; et encore y sont-elles rapportées dans un langage qu'à moins d'être divin comme le Mikado on a beaucoup de peine à comprendre.

C'est dans ce même langage qu'on fit connaître au souverain la demande des Américains à être admis dans plusieurs ports de l'empire. Le Mikado, qui comprit plus ou moins ce dont on voulait lui parler, remua lentement la tête de l'est à l'ouest. Aussitôt les hiérogrammates tracèrent au bas de la supplique ce simple mot *békarazou*, c'est-à-dire « impossible, » d'où l'on comprit que sa sainteté ne consentait pas à l'établissement des étrangers dans les ports de ses États.

Voilà comment se traitent les affaires à Myako.

Les empereurs temporels ou *Taïkoun*, jusque dans ces derniers temps, se contentaient de consulter de la sorte le Mikado dans les cas extraordinaires, se réservant la faculté d'interpréter à leur gré la réponse du pontife ou même de la reléguer dans les cartons du ministère, quand cela leur paraissait préférable. C'est ce qui eut lieu lors de l'ambassade du commodore Perry au Japon, et lors de la conclusion des différents traités avec les puissances européennes, traités qui étaient la conséquence naturelle des concessions obtenues par la mémorable expédition américaine à Yédo.

X

Toutefois l'établissement des Européens au Japon devait avoir nécessairement pour résultat très-prochain d'ébranler l'édifice politique si habilement construit par les Taïkouns. Les princes féodaux qui avaient vu, au moyen de cette politique, leur puissance diminuer de jour en jour et se réduire bientôt à une espèce de servitude déguisée, ne pouvaient manquer de profiter d'une violation aussi flagrante des lois que l'admission des étrangers dans les ports, pour chercher à reconquérir leur antique indépendance. Pour cela il n'y avait qu'un moyen : restaurer ou feindre de restaurer l'autorité méconnue des Mikados. C'est en effet ce qui eut lieu ; et aujourd'hui il y a guerre ouverte au Japon, entre le Taïkoun ou empereur temporel et les Daïmyôs, princes feudataires ne relevant d'après la constitution de l'empire que de la personne sacrée du souverain pontife.

L'empereur temporel, placé tout à coup en face d'une formidable rébellion, d'une part, car plusieurs Daïmyos ne comptent pas moins de 30,000 hommes armés à l'européenne, quelques navires et des canons, et, d'autre part, vis-à-vis des puissances occidentales menaçant sans cesse de l'obliger par la force au respect des traités qu'il a signés; l'empereur temporel, dis-je, s'est vu dans la dangereuse et difficile situation d'un prince contraint de demander à mi-voix l'appui des puissances étrangères contre des ennemis qu'il ne peut ouvertement déclarer comme tels, sauf à encourir le mécontentement général de son peuple ; car, je vous l'ai dit, le dévouement des Japonais pour leur religion nationale et pour le Mikado qui en est le représentant, ne saurait admettre de bornes. Si une guerre était déclarée contre le souverain pontife de Myako, vous verriez tous les Japonais, hommes, femmes, vieillards, enfants, prendre les armes et engager la plus terrible des guerres de religion que l'histoire ait jamais eu à enregistrer.

Je suis heureux de pouvoir le dire ici, les gouvernements européens ont eu la sagesse de ne pas placer la question sur un terrain aussi brûlant. Ils paraissent accorder leur appui au Taïkoun dont ils ne peuvent méconnaître les bonnes intentions, et ne s'attaquent qu'aux Daïmyos qui, flattés en cela dans leur orgueil de petits roitelets, sont bien aises d'avoir affaire, pour leur propre compte, avec les Occidentaux. Nous ne pouvons cependant passer sous silence un événement, dont la responsabilité tombe heureusement toute entière sur la tête seule de l'Angleterre, et que la presse britannique a sévèrement condamné et flétri : la destruction de la grande et magnifique cité de Kagosima, que l'amiral Kuper a réduite en cendres au mois d'août dernier, sans toutefois pouvoir anéantir les travaux de défense qui seuls sont restés debout au milieu de la ville en ruines.

Si l'on considère attentivement, dans ses rapports avec l'histoire du Japon, le mouvement politique qui s'opère en ce moment dans cet archipel, on acquiert la conviction que, malgré la gravité des causes qui l'ont provoquée, il ne peut durer longtemps, surtout si les puissances maritimes de l'Occident fondent leurs espérances de paix sur l'alliance avec le Taïkoun et si elles évitent de motiver toute nouvelle complication dans l'état actuel des choses. Ce n'est plus seulement le commerce européen qui désire l'ouverture définitive du Japon : c'est la plus grande partie les habitants de ce bel empire qui n'ignorent plus la supériorité de notre civilisation sur la leur, et qui éprouve le besoin de se retremper dans notre contact. La connaissance qu'on a acquise au Nippon de la force respective des Etats européens, leur a démontré qu'il existait, en dehors de la Russie et de l'Angleterre, une puissance dont le caractère chevaleresque et désintéressé rend désormais impossible toute conquête importante dans les mers de l'extrême Orient. La France et le nom français sont vénérés au plus haut degré chez les Japonais ; et, à la cour du Taïkoun, aussi bien qu'à celles du Mikado et des princes féodaux, on n'ignore point que le drapeau tricolore, qui a été arboré si glorieusement jusque sur les murs de Péking, métropole du Céleste-Empire, n'abrite jamais ces doctrines égoïstes que l'honneur réprouve; et que, porté partout à l'avant-garde du progrès, il n'est jamais déployé que pour la défense du bon droit, de la morale et de la liberté des peuples.

XI

Le véritable obstacle qui s'oppose à l'alliance sincère et solide des Japonais et des Européens, ce n'est pas l'étroitesse des idées politiques professées à Yédo et à Myako : c'est l'impossibilité où se sont trouvés nos compatriotes de parler et d'entendre la langue des indigènes qu'ils étaient appelés à fréquenter. « Pour arriver à s'aimer, dit un proverbe, il faut » avant tout se comprendre. » Or c'est ce qui a manqué jusqu'à ce jour, non-seulement à nos voyageurs et à nos négociants, mais encore à nos agents diplomatiques, auxquels les interprètes ont presque toujours fait défaut, et qui, lorsqu'ils parvenaient à en découvrir de médiocres, avaient généralement affaire à des gens illettrés et inexpérimentés qui se trouvaient appelés à rendre pour la première fois de leur vie un langage politique dont, le plus souvent, ils ne saisissaient qu'à moitié le sens et la portée, et qu'ils traduisaient par des expressions d'une justesse et d'une clarté également douteuse. Ou bien, il fallait se servir des interprètes indigènes qui, en admettant qu'ils fussent toujours parfaitement maîtres de nos langues, se croyaient constamment obligés de modifier ce qu'ils avaient à interpréter, afin de ne pas trop déplaire à leurs supérieurs. Des faits de ce genre sont constamment signalés par nos diplomates qui savent trop bien de quel poids peut peser dans le succès ou l'insuccès d'une négociation, l'habileté ou l'ignorance d'un secrétaire-interprète.

Le gouvernement appelle donc de tous ses vœux les personnes laborieuses qui se seront adonnées à l'étude du japonais et qui auront acquis une certaine pratique de cette langue. L'expérience a démontré, pour le chinois par exemple, que ceux qui avaient cultivé cet idiome en suivant les cours de Paris, acquéraient une véritable supériorité en Chine sur ceux qui avaient commencé à travailler en débarquant dans ce pays. J'ose affirmer qu'il en sera de même pour le japonais, et que les travailleurs zélés qui auront surmonté dans cette École les principales difficultés de l'écriture et de la grammaire, n'auront besoin que de quelques mois pour obtenir au Japon une perfection qu'il est extrêmement difficile d'acquérir, aujourd'hui surtout, en cherchant, à Kanagawa ou à Nagasaki, un enseignement qu'ils auraient pu se procurer aisément et sans dépenses en Europe.

Mon intention est de suivre, durant le cours de mes leçons, une méthode tenant tout à la fois de celles qui portent les noms de MM. Robertson et Ollendorff, et qui ont été si heureusement appliquées à l'étude de l'anglais et de l'allemand. Nous n'aborderons jamais de nouvelles difficultés, sans nous être parfaitement rendus maîtres de celles que nous aurons antérieurement rencontrées, et j'aurai soin que vous retrouviez sans cesse, dans nos exercices, l'application des règles qui vous auront été expliquées dans les exercices précédents.

J'espère, en suivant cette méthode rationnelle et essentiellement pratique, vous rendre aussi agréable que possible, l'acquisition d'une langue importante qui, comme nous l'avons vu, mérite à tous points de vue votre zèle et votre sollicitude.

LÉON DE ROSNY,
Professeur de japonais à l'École spéciale
des langues orientales.